技工院校汽车类专业（中级技能层级）
中等职业学校汽车类专业

汽车修理与检测（第四版）习题册

展　宏　主编

中国劳动社会保障出版社

简介

本习题册是技工院校汽车类专业教材（中级技能层级）/ 中等职业学校汽车类专业教材《汽车修理与检测（第四版）》的配套用书。内容紧扣教材的教学要求，注重基础知识的巩固和基本能力的培养，知识点分布均衡，题型丰富，难易适当，有助于学生复习巩固所学知识。

本习题册由展宏任主编，王猛、孙亮、蒋辰、施锌涛参与编写。

图书在版编目（CIP）数据

汽车修理与检测（第四版）习题册 / 展宏主编．北京：中国劳动社会保障出版社，2024. --（技工院校汽车类专业）（中等职业学校汽车类专业）. -- ISBN 978-7-5167-6698-9

Ⅰ. U472-44

中国国家版本馆 CIP 数据核字第 2024QB4645 号

中国劳动社会保障出版社出版发行

（北京市惠新东街 1 号　邮政编码：100029）

*

北京鑫海金澳胶印有限公司印刷装订　新华书店经销

787 毫米 ×1092 毫米　16 开本　5 印张　88 千字

2024 年 10 月第 1 版　2024 年 10 月第 1 次印刷

定价：10.00 元

营销中心电话：400-606-6496

出版社网址：https://www.class.com.cn

https://jg.class.com.cn

目　录

模块一　汽车修理概论

任务1　汽车修理安全知识

一、填空题（将正确答案填写在横线上）

1. 汽车维修作业中的有害因素主要包括______、______、______、旧润滑油、清洗剂和黏结剂等汽车用其他液油。

2. 电解液由______和____组成，硫酸具有强烈的腐蚀性，会烧伤皮肤、衣物。

3. 汽油着火不可用水灭火，应使用______、___________、干粉等灭火剂灭火，或用砂土、石棉毯等覆盖灭火。

二、判断题（正确的，在括号内打“√”；错误的，在括号内打“×”）

1. 发动机启动前应检查润滑油、冷却液是否符合要求，检查变速操纵杆是否在空挡位置，并拉紧驻车制动手柄。（　　）

2. 湿手情况下可以接触电气开关及其他电气设备。（　　）

3. 电气设备着火时，应立即切断电源，然后救火。（　　）

三、选择题（将正确答案的序号填写在括号内）

1.（　　）的主要成分乙二醇是一种有毒、带甜味的糖浆状液体。

A. 汽油　　B. 冷却液　　C. 润滑油　　D. 清洗剂

2. 制动液多为合成型，有一定（　　），对眼睛、皮肤有害。

A. 蒸发性　　B. 腐蚀性

C. 毒性　　D. 辐射性

3. 严禁一切低燃点的油、气、醇类与（　　）或带电的线路接触。

A. 发动机　　B. 变速器

C. 车轮　　D. 照明设施

四、简答题

1. 汽车路试的安全规则有哪些？

2. 简述电气设备、汽油着火时的救火常识。

任务 2　汽车零件的损伤形式

一、填空题（将正确答案填写在横线上）

1. 汽车零件______是指在规定条件下和使用时间内，汽车零件无法满足预定功能的现象。

2．汽车零件失效的危害主要表现在______、______和________________三个方面。

3．在运动过程中，汽车配合零件的摩擦副因其工作表面相互接触而产生摩擦，使零件的工作面逐渐磨耗，其________和__________逐渐变化的现象称为零件的磨损。

4．预防__________的措施有对零件表面进行渗碳、渗氮、电镀、润滑膜涂层处理等。

二、判断题（正确的，在括号内打“√”；错误的，在括号内打“×”）

1．汽车零件在使用过程中，技术状况的变化是不可避免的。（　　）

2．汽车零件的磨损程度与零件的材料没有关系。（　　）

3．预防腐蚀损伤的措施有保证正常冷却、润滑，定期冲洗汽车、打蜡等。（　　）

三、选择题（将正确答案的序号填写在括号内）

1．配合零件表面因加工误差影响产生凹凸不平，在相对运动时相互摩擦而形成金属微粒脱落的现象为（　　）。

A．机械磨损　　B．磨料磨损

C．黏附或熔着磨损　　D．疲劳磨损

2．汽车零件的（　　）是指零件因人为破坏或受超常外载荷和交变循环载荷时，出现疲劳裂纹甚至折断的现象。

A．磨损　　B．腐蚀　　C．断裂　　D．老化

3．汽车零件的（　　）是指零件在使用过程中由于承载或内部应力的作用，使零件的尺寸和形状改变的现象，一般表现为零件的弯曲、扭曲和翘曲等。

A．磨损　　B．老化　　C．脱落　　D．变形

四、简答题

汽车零件磨损的形式有哪几种？

任务3　汽车修理作业概述

一、填空题（将正确答案填写在横线上）

1. ________________是指组织实施车辆修理工作所遵守的指导方针和政策，是对修理目的、修理对象、修理活动的总认识。

2. “预防为主”的维护思想，是根据汽车技术状况的变化规律，在其发生故障之前，进行______或____________。

3. 汽车修理按作业范围可划分为__________、__________、__________和零件修理等。

4. 修理损坏的零件时，常综合运用__________、__________、______和______等工艺。

二、判断题（正确的，在括号内打“√”；错误的，在括号内打“×”）

1. 为了确保每个零部件能安全、可靠地工作，要求修理作业在故障发生前实施。（　　）

2. 以“可靠性为中心”的修理思想是以最高的消耗，充分利用汽车的可靠性来组织修理。（　　）

3. 汽车修理的基本方法、作业方式和劳动组织形式之间不可根据经营管理的要求灵活组合。（　　）

三、选择题（将正确答案的序号填写在括号内）

1. 用修理或更换个别零件的方法，保证或恢复车辆工作能力的运行性修理工作被称为（　　）。

A. 车辆大修　　B. 车辆小修　　C. 总成大修　　D. 零件修理

2. 对因磨损、变形、损伤等而不能继续使用的零件进行修理的工作被称为（　　）。

A. 车辆大修　　B. 车辆小修　　C. 总成大修　　D. 零件修理

3. 根据对修理汽车的设置，汽车修理作业方式分为（　　）和定位作业法。

A. 流水作业法　　B. 脉动作业法

C．总成作业法　　　　D．冲击作业法

4．根据生产规模不同，可以分别采用综合作业和（　　）两种汽车修理劳动组织形式。

A．小组合作　　　　B．专业分工

C．单独作业　　　　D．订单作业

5．选择汽车零件的修理方法时，主要考虑修理的（　　）和修理工艺的合理性。

A．实用性　　　　B．环保性

C．经济性　　　　D．可操作性

四、简答题

1．汽车修理的基本方法有哪些？

2．汽车零件的修理方法有哪些？

3. 汽车零件的修复质量有哪些评价指标?

任务4　汽车维修工艺过程

一、填空题（将正确答案填写在横线上）

1. 汽车修理的各种作业按一定方式组合，以一定次序完成这些作业的过程，称为________________________。

2. 承修单位在承接汽车修理业务时，应按规定对送修车辆进行______和______，以确定汽车的完整性和技术状况。

3. 确定汽车技术状况有____________和____________两种方法。

4. 进厂进行大修的汽车在解体之前应进行外部清洗，清除外部灰尘、泥垢和油污，以便____________和____________的顺利进行，并保持作业工位整洁。

5. 过盈配合连接件的拆装应使用__________或__________以提高工作效率，避免损坏机件和破坏配合性质。

6. 零件的检验方法一般有__________、__________和________________。

二、判断题（正确的，在括号内打“√”；错误的，在括号内打“×”）

1. 除肇事或特殊情况外，送修汽车必须保持可行驶状态，车辆装备齐全。总成送厂大修时，应处在装合状态，附件、零件均不得拆换或缺少。（　　）

2. 随车工具及备用品等不属于汽车附件范围的物品，应由承修单位保管。（　　）

3. 应在汽车刚停车时，趁热放出发动机、变速器、主减速器等总成中的润滑油，使废油能够彻底排出。（　　）

三、选择题（将正确答案的序号填写在括号内）

1.（　　）通常是将整车分成若干拆卸单元，按部位进行分工并以平行交叉的作业方式进行。

A．整车解体　　B．车辆小修　　C．总成大修　　D．零件分解

2．在汽车拆装作业中，螺纹连接的拆装工作量占总拆装工作量的（　　）。

A．20%~30%　　B．30%~40%　　C．40%~50%　　D．50%~60%

3．汽车零件的清洗一般分为清除油污、积炭和（　　）三种作业。

A．灰尘　　B．杂质　　C．水垢　　D．锈渍

4．经检测，悬架弹簧有严重裂纹，应将其归入（　　）。

A．可用件　　B．待修件　　C．报废件　　D．可修件

四、简答题

1．汽车外观及内饰检查的内容有哪些？

2．零件经检验后可分为哪三类？分类时应考虑哪些因素？

模块二　汽车发动机修理

任务1　曲柄连杆机构修理

一、填空题（将正确答案填写在横线上）

1. 曲柄连杆机构的作用是将活塞的____________运动转变成曲轴的______运动，向外输出动力，它主要由__________、________________、________________三部分组成。

2. 气缸体和气缸盖在使用过程中往往会产生变形，从而破坏零件的几何形状，使配合表面的相对位置误差增加，变形超过允许限度时将引起______、______、冲坏气缸垫等。

3. 气缸体和气缸盖接合平面的翘曲可用平板做接触检查，或者用________和________进行测试。

4. 气缸体和气缸盖的裂纹多发生在水套薄壁处、螺纹孔处以及过盈配合处，如________、________附近等。裂纹会导致______、______、______，影响发动机正常工作。

5. 气缸体与气缸盖裂纹的修理方法主要有__________、__________、__________、裁钉补钉法等。

6. 气缸体主轴承座检修时，首先要检查主轴承座孔外观有无______、拉伤及______，然后将主轴承盖装上并按规定力矩拧紧螺栓，用______________检查其______及________误差，再用标准心棒测量主轴承座孔的同轴度误差。

7. 发动机气缸的轴向磨损是呈____________________，最大磨损在__________________到达上止点位置时，活塞环达不到的位置形成______；径向磨损为____________________，最大磨损在________相对的位置。

8. 测量气缸磨损量的目的是检测气缸磨损后的______和__________是否超标，测量气缸通常使用__________。

9. 量缸表测杆与气缸______须保持垂直。寻找垂直位置的方法是将测杆放入气缸后，稍稍摆动表杆，当指针指示____________时，即表示量缸表测杆与气缸______垂直。

10. 气缸的圆度误差为同截面上直径________与________差值的一半。

11. 活塞组由__________、______、__________、__________、__________________组成，它们的尺寸是互相配套成组的。

12. 活塞环槽是活塞最大的磨损部位，通常________活塞环槽的磨损最为严重，往下依次减轻。

13. 一般用________来检测活塞的直径及圆度、圆柱度误差。

14. 活塞环分______和______，其主要作用是______，防止______和______，以免造成发动机动力降低，油耗升高。

15. 发动机工作时，活塞和活塞环等都会发生热膨胀，因此，安装活塞环时应留有“三隙”，即______、______和______。

16. 活塞销磨损过大，将会引起____________和不正常的金属敲击声响。活塞销弯曲变形过大，将会引起销座孔很大的应力集中，可能造成____________。

17. 曲轴轴颈表面的磨损是不均匀的，径向磨损为________，轴向磨损为______。

18. 连杆轴颈的磨损特点是径向磨损为________，最大磨损部位在_______________，即靠近曲轴中心线一侧；轴向磨损为______，最大磨损部位一般在_______________________和轴颈受力大的部位。

19. 曲轴的折断多发生在曲柄臂与________、____________的结合处。

20. 曲轴主轴承和连杆轴承均采用滑动式的薄壁轴承，其常见耗损形式为______、________、____________和因缺乏润滑油造成的烧蚀等。

二、判断题（正确的，在括号内打“√”；错误的，在括号内打“×”）

1. 当气缸体变形不大时，可用铣、刨、镗、磨等方法按标准进行加工，直到符合技术要求为止。 （ ）

2. 当气缸盖平面翘曲变形大于 1 mm 时，可对气缸盖变形进行校正。 （ ）

3. 气缸体和气缸盖裂纹常用水压试验法检验。 （ ）

4. 气缸的磨损程度是决定发动机是否需要大修的主要依据。 （ ）

5. 气缸的磨损量可在气缸的上、下两个截面测量，分别测量两个截面内平行和垂直于曲轴轴线方向的两个数值，确定实际磨损量。 （ ）

6. 活塞脱顶的主要原因是活塞环开口间隙过大。 （ ）

7. 活塞环高度方向与环槽之间的间隙称为活塞环的侧隙。 （ ）

8. 活塞环随活塞装入气缸后，其背面与环槽底之间的间隙称为活塞环的端隙。 （ ）

9．曲轴变形的原因大多是使用不当和修理不当造成的。（　　）

10．活塞在气缸中单向紧贴气缸前壁或后壁的现象称为活塞偏缸。（　　）

三、选择题（将正确答案的序号填写在括号内）

1．以下不属于气缸体与气缸盖裂纹的修理方法的是（　　）。

A．黏结法　B．堵漏法　C．磨削法　D．栽钉补钉法

2．测量气缸磨损量的目的是检测气缸磨损后的圆度和圆柱度是否超标，测量气缸磨损量通常使用（　　）。

A．千分尺　B．量缸表　C．游标卡尺　D．厚薄规

3．气缸的圆柱度误差为气缸内任意方向上所测得的最大与最小直径差值的（　　）。

A．一半　B．一倍　C．两倍　D．三倍

4．气缸镗削的目的是恢复气缸原有的技术要求，包括气缸的圆度、圆柱度、（　　）、垂直度等。

A．直线度　B．平面度

C．平行度　D．表面粗糙度

5．当活塞裙部与气缸壁间隙过大时，发动机易出现（　　）、窜油现象。

A．敲缸　B．熔结　C．积炭　D．脱顶

6．同组活塞中各活塞的质量应基本一致，各个活塞的质量差不得超过（　　）。

A．10%　B．7%　C．5%　D．3%

7．活塞环在工作时，由于受高温、高压、（　　）的影响，其磨损失效往往比气缸表面达到磨损极限速度快。

A．高速运转　B．低速运转

C．振动　D．润滑条件差

8．同组活塞销的质量差应在（　　）g 范围内，以减小活塞连杆组的不平衡量。

A．5　B．10

C．15　D．20

9．曲轴起动爪螺纹孔的螺纹损伤超过（　　）牙、磨损松旷，可用加大螺纹孔的方法修复。

A．8　B．6

C．4　D．2

10．飞轮工作面的平面度误差可用钢直尺和（　　）检测。

A．游标卡尺　　B．千分尺

C．塞尺　　D．百分表

四、简答题

1．气缸体和气缸盖的常见损伤有哪些？

2．简述活塞环背隙的检测方法。

3．简述曲轴弯曲变形的检修过程。

任务2　配气机构修理

一、填空题（将正确答案填写在横线上）

1. 气门组零件有______、气门座圈、气门导管、____________与气门弹簧座等。

2. 气门杆端面磨损不均匀或有疤痕，可造成端面不平，气门____________。

3. 气门工作面经过研磨后，其密封性常用以下三种方法进行检验：划线法、__________、______________。

4. 检验气门弹簧，主要是测量其____________（或新旧弹簧对比）、负荷长度和__________。

5. 气门研磨的目的是保证气门与气门座接触良好，使________________达到要求。

6. 气门研磨可分为____________和____________两种。

7. 凸轮轴轴向窜动会影响____________和____________。

8. 对运用止推板定位的发动机，用______测量止推板端面与凸轮轴轴颈端面的间隙。

9. 气门间隙的调整方法有两种，一种是____________，另一种是______________。

10. 配气相位是用曲轴转角表达的气门____________和____________的时刻。

二、判断题（正确的，在括号内打"√"；错误的，在括号内打"×"）

1. 气门杆磨损的检修包括气门杆弯曲的检验、气门杆磨损的检验和气门杆端面磨损的检验。（　　）

2. 气门密封工作面位于气门锥面中部略靠外侧。（　　）

3. 为提高气门与气门座的密封性能，经铰削或磨削加工后的气门座不需要与气门互相研磨。（　　）

4. 用浸油法检验气门与气门座密封性时，气门紧密地与气门座接触，用柴油或润滑油浇在气门顶面上，检视气门与气门座接触处有无明显渗漏，若无渗漏，即认为密封合格。（　　）

5. 在检查与调整气门间隙时，应先使发动机以规定的条件（冷态或热态）运行，然后在气门完全关闭（即挺杆或摇臂短臂端落在凸轮的基圆上）时进行检查与调整。（　　）

三、选择题（将正确答案的序号填写在括号内）

1．发动机配气机构一般由气门组、(　　)组成。

A．活塞　　B．气门传动组　　C．曲轴　　D．飞轮

2．在气门锥面上涂抹一薄层（　　），将气门插入气门导管，使气门锥面落座，略旋转气门，取出气门观察接触印痕，该印痕即为气门工作面及其位置。

A．柴油　　B．润滑油　　C．红丹油　　D．汽油

3．检测凸轮轴弯曲时，将凸轮轴两端轴颈放在 V 形架上，将（　　）测头抵在中间的轴颈上，并缓慢转动凸轮轴一周。

A．塞尺　　B．千分尺　　C．游标卡尺　　D．百分表

4．一般进气门间隙为 0.25 mm，排气门间隙为（　　）。

A．0.15 mm　　B．0.20 mm　　C．0.25 mm　　D．0.30 mm

5．装配齿形带时，应注意曲轴正时齿轮和凸轮轴正时齿轮与齿形带的（　　）对齐，以保证发动机有正确的配气相位。

A．正时记号　　B．装配记号　　C．安装角度　　D．位置顺序

四、名词解释

1．气门间隙

2．配气相位

五、简答题

1．气门组零件的主要损伤有哪些？

2. 凸轮轴的常见损伤包括哪些?

任务 3　汽油机燃料供给系修理

一、填空题（将正确答案填写在横线上）

1. 电控汽油喷射系统主要由________________、________________和________________三大部分组成。

2. 燃油供给系统主要由汽油箱、______________、______________、燃油压力调节器、喷油器等组成。

3. 检查喷油质量时，可将各喷油器拆下并全部放置在超声波喷油器清洗机上，直接观察____________和________。

4. 电控汽油喷射系统的电子控制系统由__________________、________和________等组成。

5. 电控汽油喷射系统的空气供给系统主要由空气滤清器、___________________或_____________________________、节气门体等组成。

二、判断题（正确的，在括号内打“√”；错误的，在括号内打“×”）

1. 就车检查电动汽油泵时，打开点火开关，汽油泵应转动 2 s 且无杂音。（　　）

2. 燃油供给系统的油压应低于 450 kPa，否则易损坏油压调节器。（　　）

3. 启动发动机怠速运转，拔去油压调节器上的真空管，油压应上升 50 kPa 左右。（　　）

4. 检测电子控制系统 ECU 时，不要打开计算机盖，以免拆坏计算机或破坏其密封性。（　　）

三、选择题（将正确答案的序号填写在括号内）

1. 若燃油供给系统油压过高、过低、不稳或残压无法保持，都与（　　）有关。

A．喷油器　　　　B．汽油箱

C．油管　　　　D．油压调节器

2．喷油器检修时，断开点火开关，拔下喷油器的插头，用万用表电阻挡测量喷油器线圈的电阻值，正常时低电阻为 2~3 Ω，高电阻为（　　）Ω。

A．5~9　　　　B．8~10

C．13~18　　　　D．20~30

3．检查喷油器供电电压应为（　　）V。

A．24　　　　B．6

C．36　　　　D．12

四、简答题

1．简述空气供给系统的检查内容（不含传感器的检查）。

2．电子控制系统 ECU 的基本检测有哪些内容？

任务 4　润滑系修理

一、填空题（将正确答案填写在横线上）

1. 汽车发动机普遍采用____________和____________相结合的复合润滑系统。

2. 润滑系中的润滑油不仅对各运动副摩擦表面有____________，而且还起散热、清洁、______和______的作用。

3. 检查润滑油泵主动轴与承孔的____________以及轴向间隙时，______和______推拉、晃动主动轴，应感到有______但不______。

4. 润滑油泵壳与泵盖的平面度误差要求不大于______mm，若不符合标准可用车削、研磨方法修复。

5. 检修限压阀时，在柱塞上涂上一层________，柱塞能靠______顺利落入______为合格。

二、判断题（正确的，在括号内打“√”；错误的，在括号内打“×”）

1. 润滑系技术状况的好坏是评定整个发动机性能的重要条件之一。（　　）

2. 润滑油集滤器堵塞或油泵发生早期磨损会造成润滑油压力过低。（　　）

3. 限压阀调整不当，弹簧过硬会造成润滑油压力过低。（　　）

4. 润滑油黏度过高会造成润滑油压力过高。（　　）

5. 润滑系维护良好的情况下，润滑油泵的耗损速率依然高于其他总成。（　　）

三、选择题（将正确答案的序号填写在括号内）

1. 润滑油压力过低的原因包括（　　）。

A. 新装发动机曲轴、凸轮轴装配过紧

B. 气缸垫损坏，冷却液进入曲轴箱

C. 润滑油压力传感器下游的主油道堵塞

D. 润滑油黏度过高

2. 测量外啮合齿轮式和转子式润滑油泵配合间隙时，应用（　　）逐项测量。

A. 塞尺　　　　B. 游标卡尺

C. 千分尺　　　　D. 量缸表

3．一般来说，普通驾驶条件下，建议每行驶（　　）km（或6个月）更换一次润滑油和机油滤清器。

A．2 000~5 000　　B．5 000~10 000　　C．15 000~20 000　　D．20 000~25 000

四、简答题

1．如何用简易试验法检验润滑油泵的泵油能力？

2．如何检查润滑油的油量和油质？

任务5　冷却系修理

一、填空题（将正确答案填写在横线上）

1．冷却系主要由散热器、______、________、____________、膨胀水箱及水温指示装置等组成。

2．检查节温器的______、______是否变形、失效或有______等，如有应清理或更换。

3．乘用车发动机大多使用__________水泵。

4．检修水泵叶轮时，检查水泵叶轮的______有无破损，叶轮上的______是否磨损严重。

5．水泵装合后，用手转动带轮，泵轴转动应无______现象，水泵叶轮与泵壳应无______现象。

6．检查水泵V形带外观时，V形带有裂纹、______、__________或______，应更换V形带。

7．将电子节温器置于不同温度环境中，电子节温器应根据__________自动调节阀门的开度。

8．检查及调整V形带松紧度时，用拇指以__________N的力按下V形带，以能产生________mm的挠度为宜。

二、判断题（正确的，在括号内打“√”；错误的，在括号内打“×”）

1．当冷却系在使用中发生故障时，将造成发动机工作温度过高或过低。（　　）

2．通过检查散热器水容量，不能判断散热器冷却水管的堵塞程度。（　　）

3．清除散热器水垢后，仅检视其外部损伤即可，不需要对散热器做气压试验。（　　）

4．散热器芯管被弄弯或压扁过多，散热器严重变形或严重泄漏，应更换散热器。（　　）

5．节温器有低温和高温两种类型。（　　）

6．修理后，水泵壳体与泵盖的接合面对水泵轴承孔的垂直度误差为0.10 mm。（　　）

7．水泵轴与轴承内圈的配合间隙一般为+0.02~+0.06 mm，大于0.06 mm时，可用电镀加大轴颈修复。（　　）

8．水泵大修时应更换密封组件。（　　）

三、选择题（将正确答案的序号填写在括号内）

1．对散热器做气压试验时，手动泵气，使散热器内气压达到（　　）kPa后停止泵气。

A．60~90　　B．100~130　　C．150~180　　D．200~250

2．冷却系的作用是保证发动机在运转过程中保持正常的工作温度，一般为（　　）。

A．60~70 ℃　　B．70~80 ℃　　C．80~90 ℃　　D．100 ℃以上

3．高温型节温器在86~90 ℃时，阀门开始开启，在100 ℃时阀门升程为（　　）mm。

A．14　　B．12　　C．10　　D．8

四、简答题

1．如何测试石蜡式节温器的性能?

2. 简述电子节温器的检查内容。

3. 简述散热器气压试验的过程。

任务6 发动机总装、调试和竣工验收

一、填空题（将正确答案填写在横线上）

1. 发动机______和______是发动机修理的最后工序，也是至关重要的工序，它直接影响到发动机的______性能。

2. 发动机装配的步骤因车型、结构的不同而异，但其原则是以________为装配基础，由____向____逐段装配。

3. 对于间隙配合的零件，有相对运动的配合副工作表面应涂抹清洁的_________。

4. 轴瓦装入气缸体时，对于“组瓦”，因各道轴瓦可互换，注意上、下轴瓦不可______，轴瓦上的油孔（或油槽）与气缸体上的________对正。

5. 正时链条、齿形带和齿轮安装时，应注意______________要对正。

6. 发动机磨合过程分______和______两个阶段。

7. 发动机磨合完成后，应按规定质量更换清洁的________。

8. 发动机热试的目的是检验________是否达到应有的______，同时为发动机做一次______，以保证发动机正常使用。

二、判断题（正确的，在括号内打“√”；错误的，在括号内打“×”）

1．发动机的竣工验收是鉴定发动机工作性能、保证发动机良好的动力性和经济性的手段。（　）

2．组装过盈配合件时，应涂以少许润滑油，以减小装配阻力。（　）

3．各部位螺栓、螺母可按任意的力矩和顺序拧紧。（　）

4．装配中应注意装配记号的方位、对正，以确保安装关系正确。（　）

5．在装用金属或非金属衬垫时，不可用涂密封胶。（　）

6．装配活塞连杆组时，各道活塞环不应错位或装反，有标记的一面应朝下，相邻活塞环的开口应相应错开。（　）

7．发动机在正常工作温度下，5 s 内能启动。（　）

8．发动机竣工验收时，气缸压力应符合原厂规定，汽油机各缸压力差应不超过各缸平均压力的 10%。（　）

模块三　汽车底盘修理

任务1　传动系修理

一、填空题（将正确答案填写在横线上）

1．离合器总成解体必须使用____________。

2．压盘的主要损伤有__________________、______、______、______等。

3．离合器安装后的调整包括________________________________的调整和___________________________的调整。

4．手动变速器壳体与盖的常见损伤包括______________________、_______________、__________________、________________、_______________。

5．手动变速器轴的常见损伤包括____________，_______________，__________________及轴颈部位的______、____________等。

6．自动变速器离合器活塞检修过程中，摇动活塞时，单向阀球应能__________；对单向阀加低压压缩空气，单向阀不应______。

7．十字轴上的润滑油嘴应____________，几个十字轴上的润滑油嘴应处在滑动叉润滑油嘴处的______方向，以便于维护。

8．汽车起步过猛或紧急制动时，驱动桥内各机件承受了较大的____________。经长期使用后，驱动桥的各部齿轮、花键及轴承等配合零件将产生不同程度的______。

9．若驱动桥轮毂上螺纹孔损坏，可用加大螺纹直径并配制阶梯___________的方法修理。

10．主减速器主、从动锥齿轮轮齿啮合印痕与啮合间隙的调整口诀可简化为：__________，__________，__________，__________。

二、判断题（正确的，在括号内打“√”；错误的，在括号内打“×”）

1．更换压盘后，应对离合器总成进行动平衡校验，用附加平衡重的方法校正平衡。（　　）

2. 检修螺旋弹簧式压盘时，沟槽深度应为 0.3 mm。（　）

3. 离合器从动盘毂与变速器第一轴花键的啮合间隙应小于 0.35 mm。（　）

4. 检查飞轮摆振时，将磁性表座吸附在发动机机体上，百分表测头抵在飞轮的最内圈。（　）

5. 手动变速器中变速器轴有裂纹时应更换新件，可采用经验检视法或磁粉探伤法来检查。（　）

6. 自动变速器拆解时，所有零件必须彻底清洗干净，液压油道和小孔都要用压缩空气吹净，确保其不被堵塞。一般用自动变速器油或煤油清洗零件。（　）

7. 液力变矩器装复前必须加注新的变速器油，装入变速器壳内后，必须用卡钳和游标卡尺测量变速器壳安装面到液力变矩器前面的距离。（　）

8. 为避免或减少工作振动，传动轴总装后都要进行静平衡试验，以校正平衡误差。乘用车传动轴允许的平衡误差应不大于 10 g · cm。（　）

9. 传动轴同一轴管两端的万向节叉应位于同一平面，同时还应保证与传动轴两端通过万向节相连的两轴（即输出轴、输入轴）与传动轴的夹角相等。（　）

10. 主减速器半轴齿轮轮齿大端端面的弧面与行星齿轮的背面弧面应吻合，并在同一平面上。（　）

11. “小出从”表示将从动锥齿轮自主动锥齿轮移开，若此时所得轮齿间的齿隙过小，则将主动锥齿轮移拢。（　）

三、选择题（将正确答案的序号填写在括号内）

1. 汽车上广泛使用干式摩擦片离合器，根据压紧弹簧的形式，分为（　）离合器。

A. 螺旋弹簧式和膜片弹簧式　　B. 螺旋弹簧式和钢板弹簧式

C. 膜片弹簧式和钢板弹簧式　　D. 扭杆弹簧式和钢板弹簧式

2. 离合器摩擦衬片和分离轴承在安装前应用（　）。

A. 水清洗　　B. 汽油清洗

C. 清洗剂清洗　　D. 棉纱擦去污渍，不允许沾有油污

3. 关于离合器总成的装配说法正确的是（　）。

A. 离合器从动盘的花键毂两端面与摩擦衬片的距离不一样，安装时应将长侧朝向飞轮

B. 在压紧弹簧未装前，应先对准各孔，观察各孔的偏差程度，以免给装配过程带

来困难。压紧弹簧的弹力不一致时，应对称、均匀地摆放

C．安装离合器时，须用与变速器第二轴相同规格的花键轴定位离合器从动盘

D．离合器装合后，应进行静平衡试验

4．关于离合器踏板自由行程的说法正确的是（　　）。

A．离合器踏板自由行程是指离合器踏板在完全放松时的高度与踏板踩到底时的高度差

B．离合器踏板自由行程是指踩下踏板感觉阻力明显增大时的高度与踏板踩到底时的高度差

C．离合器踏板自由行程是指离合器踏板在完全放松时的高度与踩下踏板感觉阻力明显增大时的高度差

D．离合器踏板自由行程越小越好

5．手动变速器常啮合齿轮的轴向间隙要求较严格，一般为（　　）mm。

A．0~0.2　　B．0.2~0.4　　C．0.1~0.3　　D．0.3~0.5

6．自动变速器修理前，必须关闭点火开关，断开蓄电池（　　）。

A．正极接地线　　B．负极接地线

C．电源线　　D．至起动机的电源线

7．自动变速器中，开口销、O 形密封圈、油封、（　　）等零件都属于一次性使用件，每次修理均应更换新件。

A．密封垫　　B．齿轮

C．单向阀　　D．摩擦片

8．驱动桥主要零件的损伤不包括（　　）。

A．桥壳弯曲变形　　B．轴头螺纹损坏

C．钢板弹簧座磨损　　D．花键磨损

9．驱动桥轮毂轴承的轴向间隙为（　　）mm。

A．0.05~0.10　　B．0.10~0.15

C．0.15~0.20　　D．0.20~0.25

10．在主减速器中，除主动锥齿轮前轴承与轴颈的配合为（　　）外，其他轴承与轴颈、承孔均属过盈配合，过盈量约为 0.03 mm。

A．过渡配合　　B．间隙配合

C．过盈配合　　D．紧密配合

四、简答题

1. 离合器装配时的注意事项有哪些？

2. 简述手动变速器齿轮啮合侧隙的检查方法。

3. 简述变矩器的检修方法。

4．简述主减速器主、从动齿轮啮合间隙的检查方法。

5．简述主减速器主动锥齿轮轴承预紧度的检查方法。

任务2　行驶系修理

一、填空题（将正确答案填写在横线上）

1．乘用车车架（身）的变形，可以使用______________________检查。

2．悬架分为________________________悬架和________悬架。

3．车辆大修时，应清除钢板弹簧上的锈迹，在各片钢板之间涂抹___________________。

4．汽车行驶系支承汽车的总质量，将______转化为汽车行驶的_________，承受并传递各种反力、弯矩和转矩，减小振动，缓和冲击，保证__________________。

二、判断题（正确的，在括号内打“√”；错误的，在括号内打“×”）

1．检查螺旋弹簧时只需要检查其高度。（　　）

2．对于筒式减振器的检查，拉出时应感到阻力沉重，推进时则阻力较轻，推或拉的过程中应无卡滞，全程阻力稳定，否则应更换。（　　）

3．轮胎两侧胎肩处发生位置不同的磨损是由于轮胎、车轮偏心或弯曲造成的。（　　）

三、选择题（将正确答案的序号填写在括号内）

1．钢板弹簧弧高应符合设计规定，左、右钢板片数应相同，弧高差不得大于（　　）mm。

A．10　　B．20

C．30　　　　　　　　　　D．40

2．轮胎花纹槽深不足（　　）mm 且露出安全标记时应更换。

A．1.3　　　　　　　　　　B．1.4

C．1.5　　　　　　　　　　D．1.6

3．一般新车轮胎换位间隔为（　　）km，以后每行驶 10 000 km 进行一次轮胎换位。

A．10 000　　　　　　　　　B．20 000

C．30 000　　　　　　　　　D．40 000

四、简答题

1．车轮和轮胎的常见损伤有哪些?

2．简述轮胎气压的检查方法。

3．轮胎呈多角形磨损，特别是胎肩处磨损严重的主要原因是什么?

任务3　转向系修理

一、填空题（将正确答案填写在横线上）

1．若前轴技术状况不良，会出现____________、____________故障，影响行驶安全。

2．检修横摆臂时，用手推拉和摇摆球销组件，若____________应更换球销组件。

3．独立悬架前轴总成中轮毂与轮毂轴承为____________，轮毂轴承外圈安装在轮毂轴承座孔内，用弹性挡圈定位。

4．转向器主要有___________________、____________和______________三种。

二、判断题（正确的，在括号内打“√”；错误的，在括号内打“×”）

1．汽车转向系一般设置在汽车前轴。（　　）

2．横向稳定杆轻微变形可继续使用，严重变形应进行校正修理。横向稳定杆有裂纹时应更换。（　　）

3．推力轴承允许用溶剂清洗，无须另行润滑。（　　）

4．前轮定位参数有主销后倾角、主销内倾角、前轮外倾角和前轮前束。（　　）

三、选择题（将正确答案的序号填写在括号内）

1．关于齿轮齿条式转向器检修说法错误的是（　　）。

A．对于转向横拉杆头，应检查防尘罩的损伤、球窝接头的松旷、管铆接处的松旷、管的弯曲状况等，发现不良情况应予更换

B．齿轮支架如有裂纹、损伤时，应予更换

C．对于转向齿条，应首先检查其弯曲状况，然后再检查齿面磨损、损伤状况，发现不良情况应予更换

D．润滑油封原则上均应换用新件

2．关于转向盘自由行程过大说法错误的是（　　）。

A．可能是转向柱万向节、伸缩套花键配合松旷

B．可能是转向器啮合间隙过大

C．可能是转向拉杆球销与球销座配合松旷

D．可能是转向节主销衬套与主销配合间隙过小

3．检查油泵传动带张力时，在传动带中段施加 98 N 的力，新传动带挠度应为（　　）mm，旧传动带挠度应为 7~9 mm。

A．2~4　　B．5~7

C．7~8　　D．6~9

四、简答题

1．独立悬架的滑柱连杆式前轴总成由哪些部分组成？

2．安装转向摇臂与摇臂轴时，若无法识别安装标记应采取什么方法处理？

3．如何排除动力转向系中的空气？

任务4　制动系修理

一、填空题（将正确答案填写在横线上）

1. 安装制动蹄时，制动蹄支承销偏心______设置安装。

2. 制动蹄回位弹簧的拆装应使用____________，并注意防止弹簧崩脱伤人。

3. 汽车制动系有____________和____________两套独立的制动装置。

4. 安装制动操纵手柄组件；将凸轮拉臂装于凸轮轴上，使凸轮拉臂与______成30°角；安装摇臂。

二、判断题（正确的，在括号内打“√”；错误的，在括号内打“×”）

1. 检查制动鼓时，其工作表面的几何形状、相对位置符合要求即可。（　　）

2. 液压制动系统制动踏板的自由行程一般为20 mm左右。（　　）

3. 更换新真空助力器或检修真空助力器后，应测量制动主缸活塞安装深度并调整制动主缸推杆长度。（　　）

4. 排出液压制动系统空气时，应两人配合，按先远后近、先下后上的次序逐缸进行。（　　）

三、选择题（将正确答案的序号填写在括号内）

1. 关于制动器拆装注意事项说法错误的是（　　）。

　A. 制动鼓、制动盘为高速旋转零件，拆卸时应做安装标记

　B. 更换制动鼓、制动盘时，应对制动鼓（盘）组件进行动平衡校正

　C. 制动器摩擦面不许有油污

　D. 为防止制动工作缸活塞被压出，钳式制动器可用长度合适的物体支承工作缸活塞，鼓式制动器可捆绑工作缸口

2. 制动蹄摩擦衬片与制动鼓工作面间隙的调整应在轮毂轴承调整好之后进行，下列说法正确的是（　　）。

　A. 制动蹄支承销端取小值，驱动端取大值

　B. 制动蹄支承销端取大值，驱动端取大值

C．制动蹄支承销端取小值，驱动端取小值

D．制动蹄支承销端取大值，驱动端取小值

3．制动蹄回位弹簧弹性减弱或自由长度超过标准尺寸的（　　）时，应更换回位弹簧。

A．5%　　B．10%　　C．15%　　D．20%

4．关于制动主缸和轮缸拆装注意事项说法错误的是（　　）。

A．若活塞不易取出，可输入压缩空气，将活塞压出

B．要用与制动系所用为同品种的制动液或酒精清洗零件

C．制动液没有腐蚀性

D．组装前，应彻底清洁制动主缸和轮缸，并确认活塞在缸内运动不卡滞

5．关于机械制动传动装置检修说法错误的是（　　）。

A．机械制动传动装置主要用于驻车制动系统

B．机械制动传动装置分为传动杆式和链条式

C．机械制动传动装置操纵手柄均设有棘齿锁止机构

D．机械制动传动装置零件的常见损伤是构件的磨损、变形和断裂

6．调整驻车操纵手柄行程时，要求驻车操纵手柄拉至其全行程的（　　）以内，应达到最大驻车制动效能。

A．1/3　　B．2/3　　C．1/2　　D．3/4

7．调整驻车操纵手柄行程时，要求汽车空载驻车在20%的坡道上无滑移现象，或汽车在变速器处于（　　）挡时平地不能起步。

A．2　　B．3　　C．4　　D．5

四、简答题

1．简述自动增力式制动器的调整方法。

2. 排出液压制动系统空气的过程中应注意什么?

3. 简述制动踏板自由行程的检查与调整方法。

任务5　汽车总装及大修竣工技术检验

一、填空题(将正确答案填写在横线上)

1. 汽车总装的工作顺序,因汽车构造不同而不完全一样,但安装顺序的原则基本相同,即先装______,后装__________;先装__________,后装______;先装________________________,后装_________________________。

2. 汽车竣工检验的目的是通过____________、______和____________,发现和排除质量隐患,确定被检修车辆的____________。

二、判断题（正确的，在括号内打“√”；错误的，在括号内打“×”）

1. 长距离试车后，再紧固橡胶衬套，如乘用车悬架、载货车传动轴中间支承轴承的橡胶衬套。（　　）

2. 气压制动系统中，压力升至600 kPa，且不使用制动器时，停转空气压缩机3 min，气压下降值不超过10 kPa。（　　）

三、选择题（将正确答案的序号填写在括号内）

1. 安装传动轴时一定要注意安装（　　）是否对齐。

A. 万向节　　B. 标记　　C. 十字轴　　D. 平衡块

2. 发动机在各种转速下运转稳定，突然加速、减速时，不得有（　　）声。

A. 敲缸　　B. 爆炸　　C. 敲击　　D. 突爆

四、简答题

简述路试中途停车的检查方法和要求。

模块四　汽车检测基础

任务1　汽车检测及汽车技术状况

一、填空题（将正确答案填写在横线上）

1．汽车检测是通过对汽车进行______、______、______，从而对其技术状况做出评价或判断的一项技术。

2．汽车技术状况是定量测得的表征某一时刻汽车______和______的参数值的总和。

3．___________是指表征汽车结构的各种特性的物理量，如几何尺寸、声学参数、电学参数和热学参数等。

4．汽车检测是指为确定汽车___________或___________而进行的检查和测量。

二、判断题（正确的，在括号内打"√"；错误的，在括号内打"×"）

1．汽车检测技术要求有明确的参数、限值和检测手段，以及一定的理论基础。（　　）

2．汽车故障是指汽车部分或完全丧失工作能力的现象。（　　）

3．汽车检测可分为绿色环保检测和综合性能检测两大类。（　　）

4．汽车检测技术是对车辆实施"强制维护、定期检测、视情修理"的重要工作。

（　　）

5．表征汽车技术状况的参数分为两大类，一类是动力参数，另一类是技术状况参数。

（　　）

三、选择题（将正确答案的序号填写在括号内）

1．分析和研究汽车的（　　），及时检测和诊断影响汽车技术状况的原因，排除汽车故障，是提高汽车完好率，延长汽车使用寿命的重要措施。

A．技术状况　　B．经济状况　　C．动力性　　D．环保状况

2．技术状况参数是指评价汽车（　　）的物理量和化学量。

A．经济性能　　B．使用性能　　C．动力性能　　D．环保性能

3．故障诊断是在不解体的情况下，查明运行车辆故障部位、（　　）而进行的检查、测量、分析和判断。

A．出厂地址　　B．使用情况　　C．保养情况　　D．故障原因

4．安全环保检测的目的是在汽车不解体的情况下，建立（　　），确保车辆具有符合要求的外观、良好的安全性能和符合规定的尾气排放物，在安全、高效和低污染的情况下运行。

A．监管体系　　B．安全和公害监控体系

C．环境保护体系　　D．污染监管体系

四、简答题

汽车技术状况变差的主要现象有哪些？

任务 2　汽车检测与诊断参数及其标准

一、填空题（将正确答案填写在横线上）

1．诊断参数、________________、________________是从事汽车检测诊断工作必须掌握的基础知识。

2．汽车诊断参数包括________________、________________和________________。

3．诊断参数标准一般由__________、__________和__________三部分组成。

4．诊断周期的确定，应考虑汽车技术状况、___________和___________等，以获得车辆完好率最高、消耗费用最少的最佳诊断周期。

5．___________是指在不解体（或仅拆卸个别小件）的条件下，确定汽车技术状况或查明故障部位、故障原因，包括检查、测量、分析、判断等一系列活动。

二、判断题（正确的，在括号内打“√”；错误的，在括号内打“×”）

1．诊断参数是表征汽车、总成及机构技术状况的量。（　　）

2．汽车不工作时，工作过程参数可以测量。（　　）

3．诊断参数测量值超过许用值后，诊断对象技术状况严重恶化，汽车须立即停驶修理。（　　）

4．诊断周期是汽车诊断的间隔期，以行驶里程或使用时间表示。（　　）

5．诊断参数及其测量条件、测量方法不可看成是一个不可分割的整体。（　　）

6．多数诊断参数的测得需要汽车处于正常工作温度，只有少量诊断参数可在冷车下进行。（　　）

三、选择题（将正确答案的序号填写在括号内）

1．汽车检测与诊断是确定汽车技术状况的技术，不仅要求有完善的检测、分析、判断的手段和方法，而且在检测诊断汽车技术状况时，必须选择合适的（　　）。

A．诊断标准　　B．诊断参数　　C．诊断周期　　D．诊断方法

2．在检测和诊断汽车技术状况时，需要采用一种与结构参数有关且又能表征技术状况的间接指标，该间接指标称为（　　）。

A．诊断参数　　B．检测参数　　C．诊断标准　　D．物理参数

3．（　　）可提供总成或机构中配合零件之间或独立零件的技术状况。

A．诊断参数　　B．工作过程参数　　C．伴随过程参数　　D．几何尺寸参数

4．为了保证诊断结果的可信性和准确性，在选择诊断参数时应遵循以下原则：（　　）。

A．灵敏性、稳定性、动力性和经济性

B．灵敏性、安全性、信息性和经济性

C．环保性、稳定性、信息性和经济性

D．灵敏性、稳定性、信息性和经济性

5．不同的测量条件和测量方法，可以得出不同的诊断参数值。在测量条件中，一般有

温度条件、速度条件、(　　)等。

A．质量条件　　B．负荷条件　　C．体积条件　　D．容积条件

6.(　　)具有强制性和权威性，一般冠以“GB”字样。

A．国家标准　　B．行业标准　　C．地方标准　　D．企业标准

四、简答题

1．诊断参数的选择原则有哪些?

2．简述诊断参数标准的概念和组成。

3．人工经验诊断法和现代仪器设备诊断法有什么不同？各有什么优缺点？

任务3　汽车检测设备基础知识

一、填空题（将正确答案填写在横线上）

1．__________是一种能够把被测量的某种信息提取出来，并将其转换成有对应关系的、便于测量的电信号的装置。

2．记录和显示装置的显示方式一般有__________、__________和__________三种。

3．____________________一般是指以计算机为基础而设计制造出来的一种新型检测系统。

4．检测设备使用完毕应及时__________，有降温要求的应使设备内风扇继续工作数分钟，直至温度降至符合要求为止。

二、判断题（正确的，在括号内打“√”；错误的，在括号内打“×”）

1．变换及测量装置是一种将传感器送来的电信号变换成易于测量的电压或电流信号的装置。（　　）

2．数据处理装置是一种用来对检测结果（数据或曲线）进行分析、运算的装置。（　　）

3．为了使检测设备保持良好的技术状况，必须做好日常的使用与维护等工作。（　　）

4．要经常检视检测设备传感器的外部状况，如有破损、松动、位移、积尘和受潮等现象，应及时处理。（　　）

5．检测设备积尘，可定期用毛刷或吸尘器等清除，也可用有机溶剂和湿布等擦拭内部元件。（　　）

6．检测设备的电源电压应在额定值 ±5% 范围内，并应加强交流滤波。（　　）

三、选择题（将正确答案的序号填写在括号内）

1．汽车检测系统通常由传感器、（　　）、记录与显示装置、数据处理装置等组成。

A．数字显示装置　　B．图像显示装置

C．信息显示装置　　D．变换及测量装置

2．记录及显示装置是一种将变换及测量装置送来的电信号进行记录和显示，使检测人员了解测量值的大小和（　　）的装置。

A．变化大小　　B．尺寸

C．变化过程　　D．变形过程

3．智能化检测系统以微处理器作为（　　），能把系统中各个测量环节有机地结合起来，并赋予了计算机所特有的编程、自动控制、数据处理、分析判断、存储打印等功能。

A．执行器　　B．控制单元

C．传感器　　D．显示器

4．智能检测系统一般由传感器、放大器、（　　）、计算机系统、显示器、打印机和电源等组成。

A．A/D 转换器　　B．电子系统

C．供油系统　　D．供气系统

5．智能检测系统与一般检测系统相比，具有自动零位校准和自动精度校准、（　　）、功能自动选择、自动数据处理和误差修正、自动定时控制、自动故障诊断、使用方便等特点。

A．变换及测量装置　　B．检测装置

C．自动量程切换　　D．自动维修

四、简答题

1．汽车检测系统的基本组成有哪些？

2．智能化检测系统有哪些优点？

模块五　汽车发动机检测

任务1　气缸密封性检测

一、填空题（将正确答案填写在横线上）

1. 气缸密封性与__________、__________、__________、活塞、活塞环和______________等零件的技术状况有关。

2. 在发动机不解体的条件下，检测气缸密封性的常用方法有______________________、________________________、____、测量进气歧管真空度等。

3. 曲轴箱窜气量除与______________________________________有关外，还与__________________________有关。

4. 气缸漏气量和漏气率的检测，无论在____________、____________，还是判断故障的方法上都基本一样，只是____________不同，气缸漏气量是kPa或MPa，而气缸漏气率是________________。

5. 进气歧管真空度用____________检测，无须拆任何机件，__________，应用极为广泛，一般发动机综合分析仪也具有________________________功能。

6. 进气歧管真空度是________________________与____________的差值，发动机进气歧管真空度的大小随________________________________而变化，并与__________________________________、____________________以及点火系和供油系的调整有关。

7. 就车检测柴油机气缸压力时，应使用____________的气缸压力表。若柴油机要求在较高转速下测量，此种情况除____________外，____________均应工作。

8. 检测曲轴箱窜气量也是检测气缸密封性的方法之一。特别是在__________________的情况下，使用该方法诊断气缸活塞摩擦副的工作状况具有明显的作用。

二、判断题（正确的，在括号内打“√”；错误的，在括号内打“×”）

1．测量活塞到达压缩终了上止点时气缸压缩压力的大小，可以检测气缸的密封性。（　　）

2．气缸压缩压力的检测方法有用气缸压力表检测和用气缸压力测试仪检测。（　　）

3．气缸压缩压力的测量结果如高于原设计规定，可向该缸火花塞或喷油器孔内注入适量润滑油，然后用气缸压力表重测气缸压力并记录。（　　）

4．电感放电电压与气缸压力具有近似正弦波曲线的对应关系。（　　）

5．检测曲轴箱窜气量也是检测气缸压力的方法之一。（　　）

6．曲轴箱窜气量的检测一般采用曲轴箱窜气量测量仪进行。（　　）

7．曲轴箱窜气量大，一般是由于气缸、活塞、活塞环磨损量大，导致各部分间隙大。（　　）

8．进气歧管真空度是进气歧管内的压力与大气压力的差值。（　　）

9．检测进气歧管真空度，可以用来诊断发动机的多种故障。（　　）

10．海拔每升高 1 000 m，进气歧管真空度约减少 10 kPa，检测时应根据所在地的海拔高度进行折算。（　　）

三、选择题（将正确答案的序号填写在括号内）

1．用气缸压力表检测气缸压缩压力具有价格低廉、仪表轻巧、（　　）和检测方便等优点，因此在汽车维修企业中应用十分广泛。

A．经济性好　　B．环保性好　　C．实用性强　　D．准确性高

2．（　　）与缸径大小和缸数多少有关。

A．进气歧管的漏气量　　B．曲轴箱窜气量

C．发动机功率　　D．气缸压力

3．压缩空气进入气缸漏气量检测仪，其压力由进气压力表显示；随后，经由（　　）、校正孔板、橡胶软管、快速接头和充气嘴进入气缸。

A．怠速阀　　B．节气门阀　　C．空气阀　　D．调压阀

4．曲轴箱窜气量除与发动机气缸活塞组技术状况有关外，还与发动机转速和负荷有关。因此在检测时，发动机应加载，（　　），在最大转矩转速下测试。

A．节气门关闭　　B．节气门半开　　C．节气门全开　　D．节气门微开

四、简答题

1. 检测气缸密封性的常用方法有哪些？

2. 如何检测气缸压力？

3. 如何检测发动机曲轴箱窜气量？

4. 如何检测气缸漏气量？

任务2　点火系检测

一、填空题（将正确答案填写在横线上）

1. 点火系的主要故障有________、________、________、________及点火正时失准等。

2. 点火示波器可显示发动机点火过程的三类波形，即__________、__________和________。通过所显示的波形与标准波形的比较，即可诊断出____________________。

3. 重叠波是将____________________________的波形重叠在一起。利用重叠波可以检查__________________、____________________等。

4. 发动机的点火正时是非常重要的，它直接影响汽车的__________、_____________和___________。

5. 检测点火正时的方法有___________和_________等。

6. 电控汽油喷射发动机由_______________________控制点火系，其点火提前角包括____________________、____________________和____________________三部分。

7. 一般情况下发动机在运转中突然熄火，多为__________故障；发动机在运转过程中逐渐熄火，多为__________故障。

8. 检查点火线圈时，首先检查其_________________________，然后用万用表测量点火线圈的________________________。

9. 用塞尺检查火花塞电极间隙，若间隙______________，应予以调整。对于铂金火花塞，不能调整，只能______。

10. 用缸压法检测点火正时时，由于被测缸不工作，因而缸压传感器采集的是________________________，其压力最大点是____________________________。

二、判断题（正确的，在括号内打“√”；错误的，在括号内打“×”）

1. 发动机在运行过程中出现的故障，大多数都是由供油系和点火系引起的。（　　）

2. 点火系故障部位可分为低压线路和高压线路两部分。（　　）

3. 点火示波器屏幕上将显示出点火系中电流随时间变化的曲线，即点火波形。（　　）

4. 积炭的原因主要是混合气过稀，燃烧不彻底。（　　）

5. 点火波形上低频振荡波异常时，仅表示点火线圈的技术状况不良，而不是电容器的原因，因为电子点火系中无电容器。（　　）

6. 多缸发动机各缸的次级点火电压同时显示于屏幕上，即为直列波，一般用于诊断次级电路故障。（　　）

7. 用万用表测量高压线电阻，每根高压线最大电阻为 25 kΩ，如果电阻大于最大值，则应更换所有高压线。（　　）

8. 电极间隙过小，火花塞击穿电压增高，高速时易断火。（　　）

9. 用万用表测量点火线圈的初级及次级电阻时，在“+”与“-”接线柱之间，测得的是初级绕组电阻值；在“+”与高压线插孔之间，测得的是次级绕组电阻值。（　　）

10. 正时灯是一种频率闪光灯，每闪光一次表示第 1 缸的火花塞点火一次，因此闪光与第 1 缸点火同步。（　　）

三、选择题（将正确答案的序号填写在括号内）

1. 示波器显示信号的速度比一般电子检测设备要快得多，是能即时显示（　　）的仪器。

A. 静态波形　B. 瞬态波形　C. 动态波形　D. 连续波形

2. 汽油机点火示波器是示波器的一种，专门用来检测（　　）的技术状况。

A. 汽油机燃料供给系　B. 汽油机充电系

C. 汽油机点火系　D. 汽油机起动系

3. 在标准重叠波中，四缸发动机初级电路导通时间（触点闭合的时间）所占的比例为 45%~50%，六缸发动机为 63%~70%，八缸发动机为 64%~71%。此外，要求闭合段波形的变化范围不应超过整个闭合段的（　　）。

A. 20%　B. 15%　C. 10%　D. 5%

4. 随着电子技术的发展，汽车上广泛采用（　　）系，它使发动机的动力性和经济性大大提高，污染物排放显著下降。

A．传统点火　　B．电喷燃油供给　　C．电子点火　　D．电控检测

5．有的电子点火系当点火波形闭合段结束时，先产生一条锯齿状的（　　），然后导出点火线，而传统点火系闭合波段结束时的点火波形为随着触点打开产生一条急剧上升的点火线。

A．上升斜线　　B．下降斜线　　C．水平直线　　D．波浪线

6．点火正时仪由缸压传感器、（　　）、中间处理环节和指示装置等组成。

A．温度传感器　　B．点火传感器

C．曲轴转速传感器　　D．爆震传感器

7．电控汽油喷射发动机的点火提前角一般是不可调的，但需要检测，目的是当发现（　　）不符合要求时，进一步确定微处理器或传感器是否存在故障。

A．点火顺序　　B．喷油提前角　　C．供油提前角　　D．点火提前角

8．点火线圈主要可能出现的故障有（　　）。

A．初级、次级绕组断路、短路、搭铁

B．绝缘盖破裂漏电

C．附加电阻烧断

D．以上都是

9．调整点火示波器的左右旋钮，使要观察的某一缸的波形位于屏幕标线的适当位置，此时屏幕上所显示波形为（　　）。

A．单缸直列波　　B．重叠波　　C．高压波　　D．并列波

10．点火波形在垂直方向上表示（　　），在水平方向上表示时间。

A．电阻　　B．电流　　C．电压　　D．电功率

四、简答题

1．简述火花塞的检查步骤。

2．电子点火系的点火波形与传统点火系波形相比，有哪些不同之处？

3．简述用正时灯法检测点火正时的步骤。

任务3　电控汽油喷射系统检测

一、填空题（将正确答案填写在横线上）

1．电子控制汽油喷射系统是利用________代替__________________________控制燃油喷射。

2．检测传感器信号是否正常，可用________、________，也可用________。

3．冷却液温度传感器内部是一个_______________的热敏电阻，低温条件下传感器电阻值______，信号电压______；温度升高，传感器阻值________，信号电压________。

4．怠速时，正常的节气门位置传感器上测出的读数应为________V，节气门全开时应为________V。

5．节气门位置传感器与____________之间以三根或四根导线连接。

6．空气流量传感器安装在______________与____________之间，用于测量进入发动机的____________。

7．常见的空气流量传感器主要有__________和__________。

8．氧传感器有______、______、______和______四种，其氧敏元件由____________或____________制成。

9．二氧化钛式氧传感器中有一个____________，可变电阻根据周围的____________变化而改变电阻值。

10．不要使用______________检查氧传感器的电压，这类仪表会吸收较大的电流，以致损坏____________。

11．曲轴位置传感器用于检测____，是电控点火系和燃油喷射系的______________。

12．凸轮轴位置传感器用于检测________________________，是____________________。

13．爆震传感器安装在____________、__________或____________上。为了更好地控制爆燃，许多发动机上安装____个爆震传感器。

14．车速传感器向ECU提供一个与车速有关的电压信号，ECU通过这个信号来控制发动机____________________________，并用于控制______________________________、______________________、______________________________和____________等。

15．电控发动机控制系统开关信号有____________、__________________、____________、________________、________________和动力转向压力开关信号等。

16．制动时，由制动开关向发动机ECU提供____________，作为对__________、________________、自动变速器等的控制修正信号。

17．燃油泵及其控制电路故障将直接影响________________________，因此对________________________________的检测是十分重要的。

18．发动机熄火后，燃油供给系管路中应保持一定的____________，便于再次启动，如果____________很低或等于零，将造成____________________________的故障。

19．进气歧管绝对压力传感器种类很多，其中__________和________________________进气歧管绝对压力传感器在发动机电子控制系统中应用较为广泛。

二、判断题（正确的，在括号内打“√”；错误的，在括号内打“×”）

1．对应着不同的温度，冷却液温度传感器无固定的对应电阻值。（ ）

2．如果在节气门位置传感器上没有获得规定的读数或电压信号不稳定，应更换传感器。（ ）

3．进气歧管绝对压力传感器都是两线的，一根电源线，一根信号线。（ ）

4．用万用表检测进气歧管绝对压力传感器时，因信号类型不同，应选用不同的挡位，电压信号选用直流电压挡，频率信号选用频率挡。（ ）

5．信号电压小于 0.45 V，氧传感器反馈给 ECU 的是混合气浓信号。（ ）

6．空燃比稀时，二氧化钛元件的电阻值高，输出到控制单元的电压就高。（ ）

7．在安装氧传感器之前，其螺纹表面应涂上防黏结剂，否则要拆除氧传感器时会很困难。（ ）

8．凸轮轴位置传感器一般安装在凸轮轴前端。（ ）

9．霍尔效应式凸轮轴位置传感器信号是频率调制信号，其波形是方波，可用直流电压挡检测平均电压，以判别霍尔效应式凸轮轴位置传感器有无信号输出。（ ）

10．用万用表测量爆震传感器与接地线之间的电阻，电阻值应为 3.3~4.5 kΩ。如果不符，需更换传感器。（ ）

11．在许多发动机上，拆下爆震传感器之前，必须先把润滑油放尽。（ ）

12．发动机启动时，进气流动缓慢，燃油蒸发差，为获得良好的启动性能，需要提供较浓的混合气。（ ）

13．启动时，由启动开关向发动机 ECU 提供一个 5 V 的启动信号，作为喷油量和点火提前角的修正信号。（ ）

14．燃油供给系油压过高的原因是燃油压力调节器故障或回油管堵塞。（ ）

15．如果燃油泵不能转动或转动缓慢、转速不匀，说明燃油泵有故障，应予更换。（ ）

16．喷油器的性能对发动机工作影响很大，喷油器故障可能导致发动机运转不良，甚至熄火。（ ）

17．接通燃油泵电源，打开点火开关，发动机不启动即可测量怠速油压；启动发动机即可测量静态油压。（ ）

三、选择题（将正确答案的序号填写在括号内）

1. 冷却液温度传感器安装在发动机冷却液通道上，它与（　　）之间有两条连线，一条是电压信号线，另一条是接地线。

A．EGR　　B．CPU　　C．GPS　　D．ECU

2. 节气门位置传感器输出的（　　）电压信号随节气门的开度增大而增大。

A．直流　　B．模拟　　C．交流　　D．数字

3. 热膜式空气流量计的信号是（　　）的，因此用万用表检测输出信号时，应选择频率挡（Hz）。

A．交流电压型　　B．直流电压型　　C．频率型　　D．模拟信号型

4. 半导体压敏电阻式进气歧管绝对压力传感器的信号是（　　）的，电容式进气歧管绝对压力传感器的信号是频率型的。

A．电流型　　B．电压型　　C．电阻型　　D．电容型

5. 氧化锆式氧传感器的信号电压范围是（　　）V。

A．0.5~1.2　　B．0.8~1.5　　C．1.0~2.0　　D．0.1~0.9

6. 必须用（　　）测试氧传感器。

A．指针式电压表　　B．万用表

C．数字式电压表　　D．电流表

7. 发动机爆燃时，气缸体和气缸盖会产生振动，爆震传感器内有一个（　　），它把这种振动变成电压信号，输送给 ECU，ECU 收到这一信号后，就会减小点火提前角以消除爆燃。

A．压电敏感元件　　B．电阻元件

C．电容元件　　D．光敏感元件

8. 驻车 / 空挡开关故障可能会导致（　　）、启动电路故障等后果。

A．空挡速度偏移　　B．入挡不准确

C．制动不良　　D．转向不灵

9. 怠速时按下空调开关，电源经空调开关、高压开关、低压开关至发动机 PCM（ECU），ECU 根据怠速实际转速与设定值比较计算，需要时首先增加怠速空气量提高怠速转速，然后发出控制命令给空调控制继电器，空调控制继电器再控制（　　）工作。

A．空挡开关　　B．发动机

C．空调压缩机离合器　　　　D．点火系

10．大多数汽车的燃油导管上都有（　　），用于安装油压表。

A．安装螺钉　　B．油压测试口　　C．快速接头　　D．诊断接头

11．将燃油泵直接接在蓄电池上进行运转试验时，通电时间不可超过（　　）s，防止在无润滑的情况下长时间运转造成油泵电动机过热损坏。

A．15　　B．20　　C．10　　D．5

12．节气门位置传感器故障可能引发（　　）等。

A．加速不顺畅　　B．发动机熄火　　C．怠速转速不当　　D．以上都是

13．氧传感器的敏感元件处在火焰中时，输出电压应接近（　　）V；把敏感元件从火焰中拿出时，输出电压应立刻降至 0 V。

A．1　　B．2　　C．3　　D．4

14．当发动机无法启动、怠速不稳或加速不良时，应检测（　　）。

A．冷却液温度传感器

B．氧传感器

C．空气流量传感器

D．曲轴位置传感器和凸轮轴位置传感器

15．可用一个与发动机相连的正时信号灯对爆震传感器进行快速检查。发动机转速设定在 2 000 r/min，观察正时信号。用一小锤在靠近爆震传感器的位置上轻敲，如果传感器工作正常，点火提前角将（　　）。

A．有所变大　　B．有所减小　　C．维持不变　　D．忽大忽小

16．油压过低的原因可能是（　　）等，应逐一检查，检修或更换。

A．油箱中燃油少　　　　B．燃油泵故障

C．汽油滤清器堵塞　　　　D．以上都是

17．将一个 330 Ω 电阻串联一个发光二极管作试灯，断开点火开关，松开喷油器插接器，在插接器插头上接上发光二极管试灯，发动机运行时观察发光二极管，信号正常时发光二极管（　　）。

A．闪烁　　B．不亮　　C．亮红光　　D．亮绿光

18．正极型开关断开时，发动机 ECU 测得的电压信号为（　　）V，接通时测得的电压信号为（　　）V。

A．0　12　　B．0　5　　C．5　12　　D．5　5

四、简答题

1．如何检测冷却液温度传感器的电阻值？

2．简述三线式节气门位置传感器的故障诊断方法。

3．以大众桑塔纳车型中的热膜式空气流量计为例，根据下图，简述热膜式空气流量计故障的检测步骤。其中，ECU（J220）上的端子 11 为电源线（+5 V），端子 12 为信号负极线，端子 13 为信号正极线。

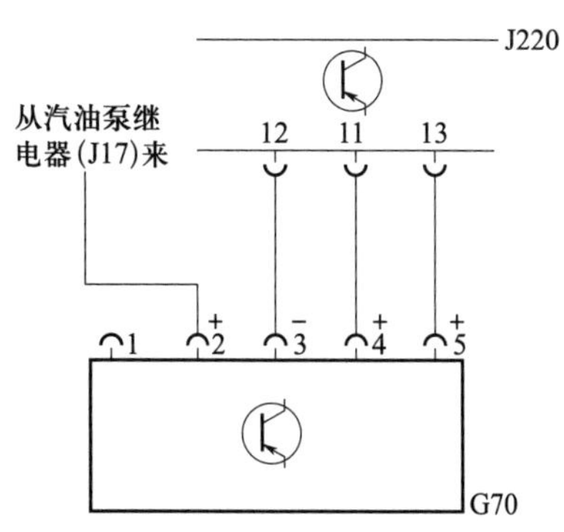

4. 如何通过电压信号来诊断氧化锆式氧传感器?

5. 如何检测发动机爆震传感器是否正常工作?

6. 简述燃油供给系油压过高或过低的故障原因。

7．如何检测燃油泵是否正常工作？

8．如何检测喷油控制信号？

任务4　汽车发动机综合性能分析仪

一、填空题（将正确答案填写在横线上）

1．汽车发动机综合性能分析仪是检测汽车发动机及电控系统的全新设备，可检测发动机各系统的__________、__________及__________，实时采集____________________、喷油信号（选配）、____________________、进排气系统等的动态波形，同时可进行____________、____________________、_________________等，还具有强大的在线帮助系统，为发动机的技术状态判断提供科学依据。

2．EA2000 型发动机综合性能分析仪由________________、______________、________、机柜、PC 主机（内置高速采集卡、通信卡）、______________、__________、______________ ______________等部分组成。

3．初级信号拾取器（编码为 1280401）。红、黑夹分别连接点火线圈“+”“-”极，其作用是测试传统式点火系统__________________及__________________。

4．发动机__________________是表示气阀和活塞密封性是否优良的指标，在发动机不解体的情况下不易得到其具体参数，只能通过__________________来检测相对气缸压缩压力的变化量，对各缸压缩压力的__________进行判断。

5．转速分析一般是指________________________，特别是柴油机，由于其__________ ____________，属于硬特性，转速平稳性远不如汽油机，在怠速工况下更为严重，因此，柴油机装配有________或________调速器，以稳定怠速。

二、判断题（正确的，在括号内打“√”；错误的，在括号内打“×”）

1．信号提取系统由各类夹持器、探针和传感器组成。（　　）

2．柴油机喷油压力拾取器安装在管径为 6 mm 的高压油管上，其作用是拾取柴油机过程信号。（　　）

3．蓄电池电压拾取器的作用是测量蓄电池的电容量。（　　）

4．起动电流拾取器用于测试发动机的起动电流。（　　）

5．充电电流拾取器用于测试发电机的充电电压。（　　）

6．一缸信号拾取器不仅可以测试汽车发动机转速，还可以用于低速采集的信号触发。（　　）

7．次级高压信号用于检测常规点火系的次级高压点火信号波形。（　　）

8．一般情况下发动机的气缸数越少，则单缸指示功率占总指示功率的比率小。（　　）

9．通用信号拾取器用于检测电控燃油喷射传感器信号和数字示波器的信号输出端子。（　　）

10．一般电控燃油喷射发动机冷车时进气压力在 40~46 kPa，达到正常温度后为 50~60 kPa。（　　）

三、选择题（将正确答案的序号填写在括号内）

1．喷油脉冲及初级同步适配器用于提取一缸的（　　），并把它转化为系统可识别的信号，以作为缸号识别的标志。

A．喷油脉冲或次级信号　　B．喷油脉冲或初级信号

C．喷油压力或初级信号　　D．喷油压力或次级信号

2．频闪灯用于检测汽油机（　　），进气歧管绝对压力传感器用于检测汽车发动机进气歧管的真空度。

A．点火提前角　　B．供油提前角

C．喷油提前角　　D．转速

3．温度传感器用于检测汽车发动机的（　　）、冷却液温度和润滑油温度。

A．润滑油压力　　B．点火温度

C．工作温度　　D．进气温度

4．电感式次级信号拾取器用于拾取无中心高压线的非直接点火的车型的（　　）。

A．初级信号　　B．电压信号

C．电流信号　　D．次级信号

5．初级及电控测试转接线用于在测试初级信号及电控传感器时转接信号，以方便将（　　）引入设备进行测试。

A．电压　　B．电流

C．信号　　D．电容

6．无外载测功是指发动机在（　　）运行过程中，克服其本身的旋转元件的惯性阻力矩所输出的功率。

A．减速　　B．均速

C．高速　　D．加速

7．进气歧管真空度波形图中在上止点位置，此时进、排气门均开启，有部分气缸中燃烧废气未完全排出，使得进气歧管绝对压力（　　）。

A．升高　　B．降低

C．不变　　D．波动

8．进行单缸动力性检测时，断火后下降的转速越多，说明该缸（　　）越好。

A．经济性　　B．动力性　　C．可靠性　　D．耐久性

9．发动机气缸数越多，用断缸法判断各缸工作性能的难度就越（　　），仪器测试的误差也就越（　　）。

A．小　大　　B．大　小　　C．小　小　　D．大　大

四、简答题

1．汽车发动机综合性能分析仪有什么功能？其由哪些部件组成？

2．简述气缸动平衡的测试方法。

3. 简述发动机气缸相对平衡压力的检测方法。

4. 简述无外载测功的方法。

模块六　汽车底盘检测

任务 1　离合器打滑的检测

一、填空题（将正确答案填写在横线上）

1. 离合器______会使发动机的______不能有效传递到输出________上，并使离合器____________，____________、烧焦甚至损坏。

2. 检测离合器打滑的方法有____________和______________________________________。

二、判断题（正确的，在括号内打"√"；错误的，在括号内打"×"）

1. 将车辆放置在平地上，拉紧驻车制动器，启动发动机，预热后，按常规动作起步（驻车制动器仍拉紧），若离合器放尽后，发动机没有熄火，说明离合器没有打滑。（　　）

2. 利用离合器打滑频闪测定仪测得光亮点与传动轴上某点同步时，说明离合器打滑。（　　）

三、选择题（将正确答案的序号填写在括号内）

1. 离合器打滑频闪测定仪每接到一个火花塞点火信号，闪光灯亮（　　）次。

A．1　　B．2　　C．3　　D．4

2. 以下不属于离合器打滑检测所用到的仪器的是（　　）。

A．底盘测功试验台　　B．离合器打滑频闪测定仪

C．传动系游动角度检测仪　　D．车速表试验台

四、简答题

1. 简述就车检测离合器打滑的方法。

2. 简述用离合器打滑频闪测定仪检测离合器打滑的方法。

任务 2　传动系游动角度的检测

一、填空题（将正确答案填写在横线上）

1. 传动系游动角是指__________、__________、__________________和驱动桥各总成游动角度之和。

2. 检测离合器和变速器的游动角度时，______制动器，离合器处于______状态，必要时可支起驱动桥，测量扳手仍在__________后端万向节的__________上，依次挂入各挡，即可获得____________从离合器到变速器的游动角度。

3. 检测驱动桥的游动角度时，变速器挂______，驻车制动器______，驱动轮制动，将测量扳手卡在________________的从动叉上，即可测得驱动桥的游动角度。

4. 倾角传感器的作用是将传感器外壳随__________________________转换为相应频率的__________。

5. 数字式游动角度检测仪中的测量仪实际上是一台专用的____________________。

6. 利用数字式游动角度检测仪检测时，应先将其传感器固定在________上，再左右转动被测轴至__________位置，使传感器检测出被测轴____________________的信号，然后通过测量仪记下传感器在两极限位置的____________，____________即为被测轴的游动角度。

7．传动系游动角度实际上是传动系统________________的总体反映。

8．传动系各总成和机件的______与其______存在密切关系，游动角度随汽车行驶里程呈近似____________。

二、判断题（正确的，在括号内打“√”；错误的，在括号内打“×”）

1．传动系游动角度可用指针式游动角度检测仪和数字式游动角度检测仪进行分段测量。（　　）

2．各车型传动轴处的游动角度必然存在差异，一般在用汽车应小于 15.2°，大修竣工出厂汽车应小于 26.6°。（　　）

3．检测传动系游动角度时，将测量扳手卡在万向节上，用不小于 30 N · m 的转矩转动。（　　）

4．检测万向传动装置的游动角度是将测量扳手卡在变速器前端万向节的主动叉上。（　　）

5．由传感器送来的电振荡信号经计数门进入主计数器，在置成的补数基础上累计脉冲数。（　　）

6．在动力传递过程中，各传动副由于相对滑移而导致磨损，因此各传动副间的间隙逐渐减小。（　　）

7．通过传动系各游动角度的分段检测可以找到游动角度过小的具体原因。（　　）

三、选择题（将正确答案的序号填写在括号内）

1．指针式游动角度检测仪的测量扳手一端带有（　　）形卡嘴，以使其卡在十字万向节上。

A．U　　B．S　　C．V　　D．H

2．指针式游动角度检测仪测量扳手的另一端有指针和刻度盘，可指示转动扳手的（　　）值。

A．力矩　　B．角度　　C．距离　　D．转矩

3．以下属于传动系游动角度的是（　　）。

A．驱动桥的游动角度　　B．万向传动装置的游动角度

C．离合器和变速器的游动角度　　　　D．以上都是

4．倾角传感器外壳是一个长方形的壳体，其上部开有（　　）形槽，并配有带长扣的尼龙带。

A．U　　　　B．S　　　　C．V　　　　D．H

5．游动角度可分段检测，因此其还可用于对传动系相关总成或机件的（　　）进行检测。

A．安全状况　　　　B．技术状况　　　　C．精度状况　　　　D．运行状况

四、简答题

1．简述指针式游动角度检测仪的结构与工作原理。

2．简述数字式游动角度检测仪的结构与工作原理。

3. 导致传动系游动角度过大的原因是什么？

任务3　滑行距离的检测

一、填空题（将正确答案填写在横线上）

1. 滑行距离可以在____________________上检测，也可以在____________中进行检测。

2. 在道路试验中检测滑行距离时，汽车以____km/h的稳定车速驶入测量区间始端线，立即踩下____________，变速器置入________，直至汽车停止滑行。

3. 从第五轮仪的二次仪表读取____________和____________。

二、判断题（正确的，在括号内打“√”；错误的，在括号内打“×”）

1. 滑行距离是指汽车加速到某预定速度后，摘挡脱开发动机，利用汽车的惯性继续行驶直到停车的过程。（　　）

2. 滑行试验的目的仅是测定汽车车轮滚动阻力。（　　）

三、选择题（将正确答案的序号填写在括号内）

1. 整车装备质量2 000 kg的单轴驱动车辆的滑行距离应大于或等于（　　）m。

A. 130　　B. 160　　C. 180　　D. 230

2. 进行滑行距离试验时，驾驶员不得转动转向盘，试验次数不少于（　　）次，往返区段应尽量重合。

A. 2　　B. 3　　C. 4　　D. 5

四、简答题

1. 简述用惯性式底盘测功试验台检测滑行距离的方法。

2. 简述道路试验检测滑行距离的方法。

任务 4　自动变速器的检测

一、填空题（将正确答案填写在横线上）

1. 自动变速器由____________、____________、____________、____________和换挡执行器等组成。

2. 自动变速器性能的检测是判断自动变速器故障的基础，其检测内容可分为________、____________和________。

3. 机械试验包括________、____________、________、________和液力变矩器试验。

4. 如果自动变速器处于______，油面高度应在油尺刻线的______附近；如果自动变速器处于热态，油面高度应在油尺刻线的______附近。

5. 自动变速器油的状态是自动变速器________的集中反映，因此应经常观察自动变速器油的______和______的变化。

6. 节气门开度影响着自动变速器的________，将加速踏板踩到底，节气门应_____；松开加速踏板，节气门应回到_____位置。

7．发动机怠速不正常，特别是__________，会使自动变速器工作不正常，出现__________现象。

8．失速试验是检查__________________、______________性能好坏及自动变速器中有关________________的工作是否正常的一种常用方法。

9．大部分自动变速器的失速转速标准值为________r/min 左右。

10．道路试验的内容主要包括检查__________、__________以及换挡执行元件__________。

11．电子控制系统的故障大多出现在_________、_________或电子回路的_________，以及在工作过程中位置发生变动的地方。

二、判断题（正确的，在括号内打“√”；错误的，在括号内打“×”）

1．发动机怠速过高或过低，不会导致自动变速器工作不正常。（ ）

2．在失速试验中，从加速踏板踩下到松开的整个过程的时间不得超过 5 s，试验次数不得多于 3 次。（ ）

3．节气门能否全开直接关系到发动机输入功率是否正常。（ ）

4．通常自动变速器的汽车发动机怠速为 1 000 r/min。（ ）

5．如果在失速试验中发现驱动轮因制动力不足而转动，应立即松开加速踏板，停止试验。（ ）

6．若失速转速低于标准值，说明主油路油压过低或换挡执行元件打滑。（ ）

7．若“N”→“R”迟滞时间过长，说明倒挡主油路油压过低，倒挡离合器或倒挡制动器磨损过甚或工作不良。（ ）

8．测试主油路油压时，应分别测出前进挡和倒挡的主油路油压。（ ）

9．在道路试验之前，应先让汽车以中低速行驶 5~10 min，使发动机和自动变速器都达到正常工作温度。（ ）

10．换挡时，自动变速器不应有微弱的冲击感。（ ）

三、选择题（将正确答案的序号填写在括号内）

1．自动变速器正常时的油液颜色是（ ）。

A．粉红色　　B．深褐色　　C．棕色　　D．黑色

2．配备自动变速器的发动机只能在（ ）挡时才能启动，其他挡位是不能启动的。

A．P/N　　B．D　　C．N　　D．R

3．（　　）是指人为地使自动变速器脱离车上自动变速器电子控制单元 ECU 的控制，由测试人员手动进行的各挡位试验。

A．油压试验　　B．手动换挡试验　　C．失速试验　　D．电子控制试验

4．不属于失速试验前的准备工作是（　　）。

A．自动变速器油温正常　　B．制动性能良好

C．自动变速器油面高度正常　　D．转向系统功能正常

5．若失速转速高于标准值，则不可能的原因是（　　）。

A．主油路油压过低　　B．换挡执行元件打滑

C．发动机动力不足　　D．倒挡制动器打滑

6．若“N”→“D”迟滞时间过长，则不能说明（　　）。

A．主油路油压过低　　B．前进挡离合器摩擦片磨损严重

C．前进挡单向超越离合器工作不良　　D．倒挡制动器磨损严重

7．当节气门开度为 50% 时，3→4 挡的车速为（　　）km/h。

A．25~30　　B．60~70　　C．70~80　　D．90~120

8．以高于（　　）km/h 的车速行驶，液力变矩器进入锁止状态。

A．50　　B．60　　C．70　　D．80

9．故障诊断仪可对自动变速器的（　　）进行检测。

A．ECU 及控制电路　　B．传感器

C．执行器及开关　　D．以上都是

10．用万用表电阻挡测量电磁阀的阻值，一般为（　　）Ω。

A．20~40　　B．40~60　　C．60~80　　D．80~100

四、简答题

1．自动变速器基础检测的内容有哪些？

2. 什么是失速试验？失速试验的目的是什么？

3. 换挡迟滞试验的目的是什么？

4. 油压试验的目的是什么？

5. 道路试验的目的和内容是什么？

6. 简述自动变速器电控系统检测的原理。

任务 5　电子控制悬架系统的检测

一、填空题（将正确答案填写在横线上）

1. 电子控制悬架系统通过在汽车行驶过程中自动控制悬架的刚度、高度及阻尼，能够较好地保持汽车的__________和__________。

2. 电子控制悬架系统的功能检查包括__________________________、________________、____________和________________。

3. 在汽车高度调整功能检查中，高度控制开关设置在__________指示器附近。

4. 当点火开关在__________位置时，电控悬架系统进入自检状态，在自检过程中各指示灯____________________。

5. 将高度开关拨到__________位置时，仪表盘上车高指示灯“HI”亮，“NORM”灭。

二、判断题（正确的，在括号内打“√”；错误的，在括号内打“×”）

1. 汽车高度调整功能检查时，启动发动机，将高度控制开关从“NORM”位置转换到“HIGH”位置，其高度变化量为 10~30 mm。（　　）

2. 当点火开关在“ON”位置，LRC 开关在“NORM”位置时，仪表盘上的 LRC 指示灯应亮。（　　）

3. 如果没有故障，车高指示灯每秒闪烁两次。（　　）

4. 如果同时出现两个或两个以上故障，指示灯将首先显示数值大的故障码。（　　）

5. 将 LRC 开关拨到“NORM”位置时，仪表盘上 LRC 指示灯（SPORT）应在 2 s 后熄灭。（　　）

三、选择题（将正确答案的序号填写在括号内）

1．调整汽车高度时，检查车高传感器连接杆螺纹外露长度，前轮为 8 mm，后轮为（　　）mm，调好后，拧紧锁紧螺母。

A．11　　B．12　　C．13　　D．14

2．关闭点火开关，拆下 1 号熔断器（驾驶室前右下侧）中的 ECU–13 熔断器（　　）s 以上，即可清除电子控制悬架系统的故障码。

A．2　　B．5　　C．8　　D．10

3．检查输入信号时，在发动机待机状态下，高度控制“NORM”指示灯会以（　　）s 间隔闪亮，并一直持续闪亮到发动机运转为止。

A．0.25　　B．0.5　　C．0.75　　D．1

4．关闭点火开关，用跨接线跨接高度控制器的 E 和 CLE 端子，同时再跨接 E1 和 TS 端子（　　）s 以上，然后接通点火开关，拆下跨接线。

A．2　　B．5　　C．8　　D．10

5．当点火开关在“ON”位置，LRC 开关在“SPORT”位置时，仪表盘上 LRC 指示灯应（　　）。

A．闪烁　　B．亮　　C．不亮　　D．点亮后熄灭

四、简答题

1．简述溢流阀的检查方法。

2. 对于电子控制悬架系统，应怎样进行汽车高度调整？

任务6 电子控制动力转向系统的检测

一、填空题（将正确答案填写在横线上）

1. 电子控制动力转向系统是根据______、______等外界信号对转向助力实现控制，在不同的行驶条件下使电子控制转向系统都达到最恰当的___________。

2. 在_________时放大倍率较大，从而减小转向操纵力，使转向灵活、轻便；在______时放大倍率适当减小，以稳定转向手感，使高速行驶的操纵稳定性得到增加。

3. 根据动力源不同，电子控制动力转向系统常分为_________和_________两种。

4. 液压式电控动力转向系统的基本检查主要包括液压系统的_______、______、____________、__________________________，以及电控部分及相关部件的工作状态检查等。

5. 电子控制动力转向系统的主要部件有_______________、_______________、电动机、减速机构、_______、转向轴、_________等。

二、判断题（正确的，在括号内打“√”；错误的，在括号内打“×”）

1. 在检查液压式电控动力转向系统之前，首先要根据车辆的具体情况初步检查轮胎气压、前轮定位、悬架与转向连接杆之间的情况。 (　　)

2. 利用专用工具检查动力转向泵传动带松紧度时，在 95 N·m 的作用力下，泵运转 5 min 以下，带的挠度为 9~13 mm。 ( )

3. 动力转向系统内渗入了空气，必须对系统进行排气，否则将引起前轮摆动、转向沉重、转向噪声等故障。 ( )

4. 电磁阀关闭时油泵的压力应不大于 7 845 kPa，否则说明转向器内部有泄漏或电磁阀有故障。 ( )

5. EPS 具有自诊断功能，当系统发生故障时，能自动停止助力，同时其 ECU 可记忆故障内容，使故障指示灯点亮，提醒驾驶员。 ( )

三、选择题（将正确答案的序号填写在括号内）

1. 检查油泵压力，使其怠速运转，将转向盘在左、右极限位置连续转动（ ）次，使转向液压油温度达到 80 ℃以上。

A. 1~2　　B. 3~4

C. 5~6　　D. 7~8

2. 电磁阀全开时，发动机转速稳定在 1 000 r/min 和 3 000 r/min 时，两转速下输出液压油的压力差应（ ）kPa，否则说明电磁阀有故障。

A. 不大于 490　　B. 不小于 490

C. 不大于 290　　D. 不小于 290

3. 检查转向盘转向力矩时，将汽车停放在平坦地面上，两转向轮位于直线行驶位置，发动机怠速运转，测量转向盘从中间位置向左、右转动所需的力矩，标准力矩应不大于（ ）N·m。

A. 3.9　　B. 4.9

C. 5.9　　D. 6.9

4. 转向助力是通过电动机（ ）的控制来实现。

A. 电阻　　B. 电压

C. 电流　　D. 频率

5. EPS 是利用（ ）作为动力源，根据汽车的车速和转向参数等相关数据，由 ECU 完成控制的一种转向系统。

A. 发动机　　B. 液压

C. 蓄电池　　D. 电动机

四、简答题

1．简述液压式电控动力转向系统排放空气的方法。

2．EPS 传感器为什么要进行自诊断?

任务 7　ABS 制动系统的检测

一、填空题（将正确答案填写在横线上）

1．汽车防抱死制动系统是汽车在任何路面上进行较大__________制动时，防止车轮完全抱死的系统，是具有良好____________的制动装置。

2．发动机启动后，踩下____________，制动踏板有可能会______，这表示 ABS 已发挥作用。

3．ABS 制动时，制动印痕________________。

4．制动效果不佳，防抱死操作不正常，应检查__________、______及磨损状况。

5．ABS 故障指示灯正常时，点火开关接通后应亮______s。

6．对于丰田卡罗拉汽车，将点火开关置于 ON 位置，______s 内踩下制动踏板________次或更多次，以清除 ECU 中存储的 DTC。

二、判断题（正确的，在括号内打“√”；错误的，在括号内打“×”）

1．汽车高速行驶时，如果急转弯，或是在冰雪路面上行驶时，有时会出现 ABS 故障指示灯亮的情况，这说明 ABS 系统故障。（　　）

2．紧急制动时，车轮被抱死，蓄电池正、负极之间电压低于 12 V，则可能是蓄电池故障，应更换或充电。（　　）

3．ABS 系统一般具有故障自诊断的能力，其指示灯在正常时常亮。（　　）

4．车辆行驶制动时，制动踏板不时地有轻微的下沉现象。（　　）

5．在排除故障或完成修理后，要重新用故障诊断仪查询故障存储，并将其清除，然后以大于 20 km/h 的车速紧急制动试车，试车完成后，要重新查询故障存储。（　　）

三、选择题（将正确答案的序号填写在括号内）

1．踩下制动踏板，同时转动转向盘，可感到有轻微振动，这是（　　）。

A．转向故障　　B．制动故障

C．发动机故障　　D．ABS 正常反应

2．人工读取故障码过程中，若 ECU 中存储有故障码，则（　　）s 后 ABS 警告灯开始闪烁显示故障码。

A．4　　B．5

C．6　　D．7

3．点火开关置于“ON”时，ABS 故障指示灯在 0.3 s 内点亮，则应检查（　　）。

A．ABS 故障指示灯开关　　B．ABS 故障指示灯线路

C．电磁阀控制　　D．以上都是

4．如读取丰田卡罗拉 ABS 系统故障码为 C0200/31，故障内容为右前轮转速传感器电路，则故障部位不可能是（　　）。

A．右前轮转速传感器　　B．转速传感器电路

C．传感器的安装　　D．蓄电池故障

四、简答题

1. ABS的正常反应现象有哪些?

2. 读取ABS故障码的方法有哪几种?